Bibliografische Information der Deutschen Nationalbibliothek:

Die Deutsche Bibliothek verzeichnet diese Publikation in der Deutschen National-bibliografie; detaillierte bibliografische Daten sind im Internet über http://dnb.d-nb.de/ abrufbar.

Impressum:

Copyright © 2020 GRIN Verlag
Druck und Bindung: Books on Demand GmbH, Norderstedt Germany
ISBN: 9783346162540

Dieses Buch bei GRIN:

https://www.grin.com/document/514266

Linda Kaiser

Die Relevanz des Betrieblichen Gesundheitsmanagements in der Kita

Gesundheitsschutz für pädagogische Fach- und Führungskräfte

GRIN Verlag

GRIN - Your knowledge has value

Der GRIN Verlag publiziert seit 1998 wissenschaftliche Arbeiten von Studenten, Hochschullehrern und anderen Akademikern als eBook und gedrucktes Buch. Die Verlagswebsite www.grin.com ist die ideale Plattform zur Veröffentlichung von Hausarbeiten, Abschlussarbeiten, wissenschaftlichen Aufsätzen, Dissertationen und Fachbüchern.

Besuchen Sie uns im Internet:

http://www.grin.com/

http://www.facebook.com/grincom

http://www.twitter.com/grin_com

Betriebliches Gesundheitsmanagement in der Kindertagesstätte- Ein wichtiges
Thema für den Gesundheitsschutz der Pädagogischen Fach- und Leitungskräfte?

Linda Kaiser

Inhaltsverzeichnis

1 Einleitung
1.1 Aufbau der Arbeit

Die vorliegende Arbeit ist in acht Kapitel unterteilt. Im ersten Kapitel wird zunächst auf den Aufbau der Arbeit, die Problemstellung und die Fragestellung eingegangen. Das zweite Kapitel soll kurz die Unterschiede des Erzieherberufs von damals und heute aufzeigen.

Im dritten Kapitel werden die Grundlagen des betrieblichen Gesundheitsmanagements erläutert. Dabei wird neben der Begriffsdefinition auf die Entstehung des BGM, gesetzliche Rahmenbedingen und die beteiligten Akteure eingegangen.

Das vierte Kapitel beschäftigt sich mit den verschiedenen Instrumenten des betrieblichen Gesundheitsmanagements. Auf die konkreten Maßnahmen, des BGM in der Kindertagesstätte, wird im fünften Kapitel eingegangen. Im sechsten Kapitel erläutere ich den Begriff der Work-Life-Balance, weshalb diese heutzutage ein wichtiges Thema in der Arbeitswelt ist und Maßnahmen zur Regulierung der WLB. Und der Nutzen aus Sicht der Mitarbeiter sowie aus Sicht des Unternehmens ist Inhalt des siebten Kapitels. Im Schlussteil fasse ich die Ergebnisse der Zertifikatsarbeit zusammen.

1.2 Problemstellung

„Ich bin gesund und kann arbeiten. Was verlang` ich mehr."
(Goethe, J.W., Briefe. An Carl Friedrich Zelter, 23. Juni 1813).

So oder so ähnlich denkt die Mehrheit der deutschen Arbeitnehmer. Den Menschen wird nachgesagt, dass sie pünktlich und fleißig sind. Sie wollen ihrer Pflicht immer nachkommen. Wir sind alle in einem Zeitplan gefangen und stehen oft unter Stress.

Aber was haben wir davon? Sollte die Arbeit unser Leben bestimmen? Oder sollte eher eine Balance zwischen Arbeit und Privatleben herrschen?

Nicht alle Menschen haben Probleme mit der Anpassung an die deutsche Arbeitsmentalität. Es gibt viele, die in ihrer Arbeit aufgehen, da sie beispielsweise ihre Berufung zum Beruf gemacht haben.

Manche können sich wiederum besser anpassen als andere. Sie legen ihre Bedürfnisse anders fest und sind mit den gegebenen Umständen zufrieden oder finden sich einfach damit ab. Vielleicht auch, weil sie allgemein sehr zufrieden mit ihrem Leben sind und außerhalb der Arbeit eine gute Balance für sich selbst gefunden haben, eine gute Work-Life-Balance. Oder einfach aus Angst den Arbeitsplatz zu verlieren.

(vgl. Reinsprecht, Stefan: Die deutsche Arbeitsmentalität muss revolutioniert werden (Stand: 22.10.2014). https://ergonomie-am-arbeitsplatz.de. [22.10.2019]

„Seit ein paar Jahren nehmen psychisch bedingte Fehlzeiten bei Berufstätigen auffällig zu." WIdO: (Stand 12.2018). https://de.statista.com/statistik/daten/studie/246810/umfrage/arbeitsunfaehigkeit-aufgrund-psychischer-erkrankungen/.

Auch Erzieher erreichen überdurchschnittlich hohe Fehlzeiten. „Die meisten Krankschreibungen gehen auf psychische Störungen und Atemwegserkrankungen zurück." Die Redaktion: TK Studie: Erzieher überdurchschnittlich häufig krank (Stand: 18.08.2015). https://www.krankenkassenzentrale.de/magazin/tk-studie-erzieher-ueberdurchschnittlich-haeufig-krank-42416#. [22.10.2019]

Die Ursachen vieler Erkrankungen liegen meiner Meinung nach an der Erwartungshaltung vieler Arbeitgeber, am hohen Pflichtbewusstsein der Arbeitnehmer, aber auch an veränderten oder nicht ausreichenden Bedingungen. Insgesamt steigt die Belastung für die Mitarbeiter, und sie müssen in kürzerer Zeit mehr Arbeit bewältigen. So sorgen Themen wie Stress am Arbeitsplatz, Burnout und psychische Erkrankungen seit einigen Jahren für Schlagzeilen.

Aktuelle Untersuchungen der Techniker-Krankenkasse (2018) zeigen, dass hauptsächlich psychische Erkrankungen der Grund für Krankschreibungen auf Seiten der Erzieher/innen sind. Im Vergleich zum Bundesdurchschnitt kamen Erzieherinnen und Erzieher im letzten Jahr auf 4 Fehltage mehr und waren damit durchschnittlich 18,9 Tage krankgeschrieben. Dabei waren 4,1 Fehltage mit psychischen Erkrankungen begründet, worauf Erkrankungen der Atemwege mit einer Fehlzeit von 3,3 Tagen folgten. Grundsätzlich sollte auch eine Überlastung als psychische Erkrankung angesehen werden. Diese betrifft viele Erzieher/innen in Deutschland, da sie nicht nur mit einem hohen Lärmpegel kämpfen, sondern auch mit immer komplexeren Aufgabengebieten konfrontiert werden. Dazu kommen noch Auseinandersetzungen, die zwischen ihnen und den Eltern der Kinder stattfinden können. (Herrman, Karsten: Betriebliches Gesundheitsmanagement in der Kita (Stand: 12.09.2019). https://www.nifbe.de/fachbeitraege/beitraege-von-a-z?view=item&id=872:betriebliches-gesundheitsmanagement-in-der-kita. [22.10.2019]

1.3 Fragestellung

Betriebliches Gesundheitsmanagement in der Kindertagesstätte- Ein wichtiges Thema für den Gesundheitsschutz der Pädagogischen Fach- und Leitungskräfte?

Ein hoher Lärmpegel, zu kleine Möbel, dauerhafte Konzentration und viel Verantwortung prägen den Arbeitsalltag in Kitas. Außerdem steigen die Betreuungszeiten und -zahlen sowie die Anforderungen an die pädagogischen Fähigkeiten der Mitarbeiter.

Die Bedeutung des betrieblichen Gesundheitsmanagements und einer guten Work-Life-Balance nimmt zu, und Arbeitgeber werden zunehmend für die Gesundheit ihrer Mitarbeiter verantwortlich gemacht. Nach meiner Erfahrung werden die Vorgaben des Trägers jedoch nicht in jeder Einrichtung durch die Leitung erfüllt oder umgesetzt. Meine Arbeit soll die Wichtigkeit des betrieblichen Gesundheitsmanagements in Kindertagesstätten und somit die Bedeutung für den Gesundheitsschutz für die Mitarbeiter darstellen. Die Vorteile eines BGM sind sowohl aus wirtschaftlich, als auch aus moralischen Gründen nicht zu leugnen. Gute Arbeitsbedingungen erhalten die Gesundheit und die Motivation von Mitarbeitern, die so wiederrum für Produktivität sorgen. Gesundheit muss daher ein Thema sein, bevor man krank wird.

2 Der Erzieherberuf damals und heute

Erzieher geben damals wie heute tagtäglich ihr Bestes, um Kinder in ihrer Entwicklung zu begleiten und zu fördern. Zwischen Anforderungen und Rahmenbedingungen der Kindertagesstätten versuchen sie dem Bildungsauftrag gerecht zu werden und die Familien bei ihrer Erziehung zu unterstützen. Haben sich die Anforderungen an die Erzieher in den letzten Jahren wirklich gesteigert? (vgl. Viernickel, Susanne/ Voss, Anja/ Mauz, Elvira/ Schumann, Maria: Gesundheit am Arbeitsplatz Kita (Stand: 02.2014). https://www.unfallkasse-nrw.de/fileadmin/server/download/praevention_in_nrw/praevention_nrw__55.pdf. [22.10.2019]

2.1 Damals

Noch vor einigen Jahren verstand sich die Kindertagesstätte eher als reine Betreuungsstätte. Essen geben, schlafen legen und beschäftigen waren die Hauptaufgaben der Erzieher. Die Kinder gingen meist nur halbtags und frühestens mit Vollendung des dritten Lebensjahres in die Einrichtung. Zudem wurden die Kinder nur aufgenommen, wenn sie tagsüber „trocken" waren. Eltern gaben ihre Kinder oft nur in der Einrichtung ab und holten sie später wieder, ohne sich großartig für das in der Einrichtung Geschehene zu interessieren. Auch beim Thema Inklusion gab es andere Vorstellungen als heute. Beeinträchtigte Kinder konnten nicht den Regelkindergarten besuchen, sondern wurden in speziellen Einrichtungen gefördert. Früher wurden die Kinder meist nur in Betreuungseinrichtungen geschickt, wenn die Mutter arbeiten gehen musste. Dieses Rollenbild von Vater und Mutter hat sich mittlerweile jedoch grundsätzlich geändert. (vgl. Grehl, Carolin: Zehn Punkte, die zeigen, wie Kita sich verändert hat (Stand: 01.02.2018). https://www.rund-um-kita.de/zehn-punkte-kita-veraendert/. [22.10.2019]

2.2 Heute

„Heute ist der Besuch einer Kindertageseinrichtung zum Bestandteil der Normalbiografie eines Kindes geworden: Aktuell werden in Deutschland 93,6 Prozent aller Drei- bis Fünfjährigen in mehr als 52.000 Kindertageseinrichtungen betreut." Viernickel, Susanne/ Voss, Anja/ Mauz, Elvira/ Schumann, Maria: Gesundheit am Arbeitsplatz Kita (Stand: 02.2014). https://www.unfallkassenrw.de/fileadmin/server/download/praevention_in_nrw/pra evention_nrw__55.pdf. [22.10.2019]

Die Verantwortung der Erzieher für die Entwicklung und Förderung dieser Kinder wächst. Kitas werden als notwendige Bildungs- und Fördereinrichtungen erkannt. Seit 2013 haben nun auch Kinder ab Vollendung des ersten Lebensjahres einen Anspruch auf einen Betreuungsplatz. Auch die Ansprüche der Eltern an die Qualität der Einrichtung, und somit an das Fachpersonal, steigen. Das Berufsverständnis der Erzieher hat sich insgesamt durch den Bildungsanspruch, die Inklusion, die inhaltliche Vielfalt und Erwartungen an sie, verändert. (vgl. Grehl, Carolin: Zehn Punkte, die zeigen, wie Kita sich verändert hat (Stand: 01.02.2018). https://www.rund-um-kita.de/zehn-punkte-kita-veraendert/. [22.10.2019]

3 Grundlagen des Betrieblichen Gesundheitsmanagement

Heutzutage gibt es unterschiedliche Gründe für die Einführung des betrieblichen Gesundheitsmanagements wie z.B. den Anreiz schaffen, um gute Fachkräfte für sein Unternehmen zu gewinnen. Ein gutes BGM kann einen Vorsprung zu anderen Unternehmen geben und so evtl. auch die Fachkräfte binden. Der demografische Wandel zeigt einen wachsenden Altersdurchschnitt und somit wird die Belegschaft in Zukunft immer älter. Ein Grund mehr, dass die Mitarbeiter gesund sind und bleiben. Bestimmte gesundheitsfördernde Maßnahmen sind mittlerweile auf Grund einiger

Gesundheitsreformen vom Gesetzgeber vorgegeben. Neue Arbeitsmodelle bringen die Digitalisierung und den Wertewandel der Gesellschaft mit sich, aber auch neue Belastungen. Dementsprechend sollten Unternehmen Maßnahmen zur Gesunderhaltung anbieten. (vgl. Lilie, Oliver: Betriebliches Gesundheitsmanagement im Unternehmen - Was ist BGM? (Stand: 2019). https://www.perwiss.de/gesundheitsmanagement.html. [22.10.2019]

3.1 Begriffsdefinition des BGM

„Betriebliches Gesundheitsmanagement ist die bewusste Steuerung und Integration aller betrieblichen Prozesse mit dem Ziel der Erhaltung und Förderung der Gesundheit und des Wohlbefindens der Beschäftigten." Wienemann, Elisabeth: Gesundheit mit System, https://www.unihannover.de/fileadmin/luh/content/alumni/unimagazin/2004/04_3_4_28_31_wattendorff.pdf. [22.10.2019]

Es gibt viele unterschiedliche Definitionen von betrieblichem Gesundheitsmanagement. Wichtig ist es, dies nicht mit dem Begriff der Gesundheitsförderung zu verwechseln. Bei BGF (präventiv) geht es um Einzelmaßnahmen wie Ernährungskurse oder Rückenschule. Die BGF ist eine wichtige Säule des BGM. Die zwei weiteren Säulen sind der Arbeitsschutz (präventiv), der die Aufgabe hat, gesundheitsgefährdende Arbeitsbedingungen zu beseitigen und gesundheitsorientierte Arbeitsbedingungen zu unterstützen bzw. herzustellen, und das betriebliche Eingliederungsmanagement (kurativ), dass die langfristige Sicherung des Arbeitsplatzes beinhaltet.

Im betrieblichen Gesundheitsmanagement geht es darum, gesundheitsgerechte Bedingungen an den Arbeitsplätzen zu schaffen und die Mitarbeiter dazu anzuhalten, sich gesundheitsgerecht zu verhalten. Ziel ist es, den Gesundheitszustand aller Beschäftigten im Unternehmen aufrecht zu erhalten und zu verbessern. Wichtig ist die Gesunderhaltung durch Prävention. Probleme gar nicht erst auftreten zu lassen, erspart die spätere Lösungsfindung und je nach dem viel Leid und Kosten.

3.2 Entstehung und Geschichte des BGM

Das Konzept der allgemeinen Gesundheitsförderung, sowie der betrieblichen Gesundheitsförderung hat seine Anfänge weltweit in den späten siebziger Jahren des letzten Jahrhunderts. Von da an entwickelten sich verschiedenste Empfehlungen wichtiger

Akteure aus dem Kreis der internationalen und europäischen Gesundheitsförderung (Singer, 2010).

Als bedeutender Akteur gilt in diesem Zusammenhang die World Health Organisation (WHO), da sie internationale Konferenzen zum Thema Gesundheitsförderung organisiert. Diese Aktivitäten der WHO führten unter anderem auch in Deutschland zu einem Anstieg von gesundheitsfördernden Maßnahmen in verschiedenen Lebensbereichen, wie z.B. dem Arbeitsumfeld (Lenhardt, 1997).

In nunmehr sieben Konferenzen wurde der Begriff der Gesundheitsförderung in seinen verschiedenen Facetten immer weiterentwickelt. Beginnend mit der Konferenz in Alma Ata 1978 und der bisher letzten 2005 in Bangkok können die Konferenzen als ein logisch aufeinander aufbauendes Konzept angesehen werden. Der Begriff der Gesundheitsförderung wird jedoch erst in der Konferenz von Ottawa 1986 fest verankert. In der im Zuge der Konferenz verabschiedeten Charta sind mehrmals Hinweise dafür zu finden, dass Gesundheitsförderung auch in der Arbeitswelt ansetzen muss. Somit kann die Ottawa Charta als Beginn betrieblicher Gesundheitsförderung angesehen werden (Singer, 2010). In der bis heute, letzten Konferenz in Bangkok wurde unter anderem herausgestellt, dass Arbeitgeber für gesunde, sichere Arbeitsplätze und Gesundheit und Wohlbefinden ihrer Arbeitnehmer Sorge tragen müssen (World Health Organisation, 2005). Ein weiterer wichtiger Akteur im Bereich der Gesundheitsförderung ist die europäische Union (EU). Als bedeutend gilt in diesem Zusammenhang das Aktionsprogramm „Gesundheitsförderung, Aufklärung, Erziehung und Ausbildung", welches in den Jahren von 1996 bis 2000 durchgeführt wurde. Als Teil dieses Gemeinschaftsprogramms wurde 1996 unter anderem das Europäische Netzwerk für betriebliche Gesundheitsförderung (European Network for Workplace Health Promotion, ENWHP) ins Leben gerufen. Ziel des Netzwerkes ist die Vision „Gesunde Mitarbeiter in gesunden Unternehmen" und somit die Implementierung gesundheitsfördernder Maßnahmen in die Arbeitswelt (Singer, 2010). Das ENWHP hat im Rahmen von Gemeinschaftsprojekten verschiedene Erklärungen zu diesem Thema veröffentlicht. Den Anfang machte die bereits genannte Luxemburger Deklaration, welche unter anderem eine europaweit anerkannte Definition von betrieblicher Gesundheitsförderung und somit die Grundlage aller Interventionen dieses Netzwerks lieferte (European Network of Workplace Health Promotion, 1997). Die folgenden Erklärungen in den Jahren 1998, 2001, 2002, 2010 und 2013 hatten jeweils ihre eigenen Schwerpunkte. 1998 und 2001 stand jeweils die Thematik BGF in kleinen und mittleren Unternehmen im Mittelpunkt (European Network of Workplace Health Promotion, 1998,

2001). 2002 ging es um die Verbreitung einer guten Praxis im ganzen europäischen Raum und das Vorantreiben der Vision „Gesunde Mitarbeiter in gesunden Unternehmen" (European Network of Workplace Health Promotion, 2002). Im Jahr 2010 stand auf Grund des Anstiegs von psychischen Erkrankungen die Thematik psychische Gesundheit und psychisches Wohlergehen am Arbeitsplatz im Mittelpunkt (European Network of Workplace Health Promotion, 2010). In der neuesten Erklärung vom Oktober 2013 wird die besondere Situation von betrieblicher Gesundheitsförderung bei Arbeitnehmern mit chronischen Erkrankungen beleuchtet (European Network of Workplace Health Promotion, 2013). Für die nationalen Belange hat sich 2002 das Deutsche Netzwerk für betriebliche Gesundheitsförderung (DNBGF), mit dem Ziel gesundheitsförderliche Maßnahmen zu beschleunigen, gegründet. Unterstützung findet es dabei bei unzähligen Akteuren, wie z.B. dem Bundesministerium für Arbeit und Soziales und dem Bundesministerium für Gesundheit. Des Weiteren haben sich sowohl in Deutschland, als auch in Europa unzählige Foren, Projekte und Initiativen zum Thema betriebliche Gesundheitsförderung gegründet (Singer, 2010). Kolb, Tobias: Coaching für BGM, j-bgm.de/bgm-grundlagen/.[22.10.2019]

3.3 Gesetzliche Rahmenbedingungen

Siehe Anhang 1.

3.4 Akteure

Zum einen gibt es die internen Akteure. An erster Stelle stehen die Arbeitnehmer von Maßnahmen des BGM. Ohne deren Einbezug kann ein BGM nicht erfolgreich sein. Arbeitnehmer können jedoch auch Maßnahmen initiieren.   Führungskräfte stellen die zweitwichtigsten Akteure des BGM dar. Sie sollten, ebenso wie die Arbeitnehmer, bei allen BGM Maßnahmen beteiligt werden. Die Unternehmensleitung entscheidet darüber, ob und in welchem Ausmaß die Themen Gesundheit und BGM in dem Unternehmen verankert werden. Beauftragte für Schwerbehinderte, sogenannte Schwerbehindertenvertretung, sind in großen Unternehmen unverzichtbar, um z.B. einen Arbeitnehmer nach längerer Arbeitsunfähigkeit dabei zu unterstützen, wieder ins Unternehmen zurück zu kommen. Um eine Geschlechterbenachteiligung auszuschließen, ist eine Frauenbeauftragte sinnvoll. Dann gibt es noch die externen Akteure wie die gesetzliche Unfallkasse, die die Unternehmen verpflichtet, die Gesundheit der Mitarbeiter zu sichern und finanziert daher z.B. Präventionsmaßnahmen in Zusammenarbeit mit Krankenkassen. Neben diesen beiden externen Akteuren gibt es noch BGM Berater, Gesundheitszentren, Selbsthilfegruppen, Kliniken oder Aus- und Fortbildungsinstitutionen.

4 Instrumente des betrieblichen Gesundheitsmanagements

Um den Gesundheitsstand der Mitarbeiter in einer Kindertagesstätte zu ermitteln, bieten sich verschiedene Möglichkeiten an. Eine solche Diagnose kann durchgeführt werden, um präventiv die Motivation und Gesundheit der Mitarbeiter langfristig zu erhalten oder um kranke oder abwesende Mitarbeiter wieder optimal in das Unternehmen einzugliedern.

Dann folgt die Auswertung der Analyse, um die Planung, wie Festlegen der Ziele der BGM Maßnahmen, des Zeitplans, der Verantwortlichkeiten sowie die Sicherung der Beteiligung der Mitarbeiter, zu erleichtern. Im nächsten Schritt folgen die Umsetzung und die Durchführung von Maßnahmen. Im letzten Schritt „der Überprüfung" wird ermittelt, wie sich das BGM in die Einrichtung integriert hat.

4.1 Fehlzeitenanalyse

Sie verdeutlicht den Krankenstand und gibt Hinweise zu Fehlzeiten aus anderen Gründen. Unter Krankenstand versteht man die Summe der krankheitsbedingten Fehltage im Verhältnis zu den Sollarbeitstagen. Abwesenheitstage wegen Kuren, Mutterschutz, Aus- und Fortbildung und Urlaub zählen nicht zu den krankheitsbedingten Fehltagen. Die Analyse des Krankenstands ist in vielen Unternehmen der erste Indikator für die Einführung eines betrieblichen Gesundheitsmanagements. Ob der Krankenstand auffällig ist, ergibt sich oft aus dem Vergleich mit dem Branchendurchschnitt. Ist der Krankenstand ungewöhnlich hoch im Vergleich zu anderen Perioden, kann das ein Hinweis auf veränderte Belastungsfaktoren im Betrieb sein. Was und wo ist erst bei genauerer Betrachtung erkennbar. Dazu kann der Krankenstand der einzelnen Abteilungen ins Verhältnis mit dem Krankenstand des gesamten Betriebes gebracht werden. Sinnvoll ist auch die Betrachtung des Krankenstandes über 12 Monate hinweg. Die Darstellung des Krankenstands kann hierbei als Balken- oder Liniendiagramm erfolgen.

Benjamin Vaupel (Autor), 2010, Das betriebliche Gesundheitsmanagement. Instrumente und Grundanforderungen, München, GRIN Verlag, https://www.grin.com/document/293233. [22.10.2019]

4.2 Arbeitsplatzanalyse

Die Arbeitsplatzanalyse, auch in Form einer Arbeitsplatzbegehung, hat das Ziel Gesundheitsgefährdungen in einzelnen Bereichen des Unternehmens zu erkennen. Dabei ist die Vermeidung von Gesundheitsgefährdungen und Arbeitsunfällen Bestandteil des klassischen, gesetzlich vorgeschriebenen Arbeitsschutzes. Jedoch kann es durchaus sinnvoll sein, eine Arbeitsplatzbetrachtung bei der Einführung eines betrieblichen Gesundheitsmanagements durchzuführen. Faktoren, die aus arbeitsschutzrechtlicher Betrachtung nicht die Gesundheit gefährden, können langfristig zu Erkrankungen führen. Dies macht es notwendig möglichst alle Arbeitsplätze zu analysieren. Auf der einen Seite kann so die Sensibilisierung der Thematik der Verantwortlichen erhöht werden, auf der anderen Seite kann Know-how geschaffen werden. Diese Kenntnisse über die Arbeitsplätze und der daran entstehenden Belastungen sind bei späterer Diskussion über die Gesundheitsgefährdungen hilfreich und stellen nicht selten einen Kontrast zu den empfundenen Belastungen der Mitarbeiter dar.

Bei der Arbeitsplatzanalyse sollte man Belastungen wie Lärm, Schmutz und monotone Arbeitsabläufe beachten. Des Weiteren sollte auf Faktoren wie Zugluft, Temperatur, Arbeitshaltung und langes Sitzen geachtet werden. Man sollte hier differenzieren können zwischen Arbeitsplätze mit hoher und mit weniger hoher Belastung. Die Arbeitsplatzanalyse ist keine wissenschaftliche Analyse, sie kann durch die Verantwortlichen des betrieblichen Gesundheitsmanagements systematisch durchgeführt werden. Sie kann durch routinemäßige Rundgänge und schriftliche Analysen zur Situation am Arbeitsplatz, durch Führungskräfte und Experten erfolgen. Der direkte Einbezug von Mitarbeitern als Experten in einem Gespräch über ihren Arbeitsplatz ist möglich. Man kann spontane und einfache Antworten erwarten, jedoch ist diese Methode eher oberflächlich und weniger repräsentativ als zum Beispiel systematische Mitarbeiterbefragungen. Da die Arbeitsplatzanalyse gesetzlich vorgeschrieben ist, sollten bereits Dokumente darüber im Unternehmen vorhanden sein. Diese Aufzeichnungen können genutzt werden, jedoch sollten sie im Rahmen eines betrieblichen Gesundheitsmanagements um ganzheitliche Sichtweisen über den gesetzlichen Rahmen hinaus ergänzt werden. Benjamin Vaupel (Autor), 2010, Das betriebliche Gesundheitsmanagement. Instrumente und Grundanforderungen, München, GRIN Verlag, https://www.grin.com/document/293233. [22.10.2019]

4.3 Mitarbeiterbefragung

Ein sehr geeignetes Instrument zur Analyse der Situation in der Einrichtung ist meiner Meinung nach die Mitarbeiterbefragung. Zum einen kann ich jeden Mitarbeiter einzeln befragen, was den Vorteil eindeutigerer Antwortet hat, aber auch leider einen hohen Zeitaufwand erfordert. Zum anderen kann ich die Befragung schriftlich mittels eines Fragebogens durchführen. Vorteil ist, dass ich die gesamten Mitarbeiter in relativ kurzer Zeit befragen kann und die Daten sich besser vergleichen lassen. Ein Vorteil der Mitarbeiterbefragung ist, dass diese zu einem späteren Zeitpunkt wiederholt werden kann, um die mögliche Verbesserung durch das betriebliche Gesundheitsmanagement zu kontrollieren.

4.4 Gesundheitszirkel

Ebenso ein geeignetes Diagnostikinstrument für eine Kindertagesstätte stellt für mich der Gesundheitszirkel dar, da die Erfahrungen und das Wissen der Mitarbeiter optimal genutzt werden können. Außerdem werden so die Beschäftigten am Prozess der Gesundheitsförderung beteiligt und die Eigenverantwortung erhöht. Wenn im Vorfeld bereits durch z.B. eine Mitarbeiterbefragung gesundheitliche Problemstellungen bei bestimmten Mitarbeitern bekannt geworden sind, hilft dieses bei der Auswahl der am Gesundheitszirkel Beteiligten. In den moderierten Gesprächsrunden haben dann die Mitarbeiter die Möglichkeit, belastende Arbeitsbedingungen zu sammeln, zu analysieren und für diese Lösungsvorschläge zu erarbeiten.

Die DAK (Deutsche Angestellten-Krankenkasse) wertete 41 Gesundheitszirkel in 16 Unternehmen aus. Eine Kosten-Nutzen Bewertung zeigte, dass von 100 repräsentativen Verbesserungsvorschlägen 48% positive Ergebnisse lieferten. Nur 12% lieferten negative Ergebnisse, die restlichen 40% neutrale Ergebnisse. Diese Bewertung der DAK verdeutlicht, dass Gesundheitszirkel ein wertvolles Instrument des BGM sind, um Vorschläge zur Verbesserung der Arbeitsbedingungen zu erarbeiten. Im Übrigen ist der Einbezug der Beschäftigten und Führungskräfte vor dem Hintergrund des Grundsatzes der Partizipation eines BGM positiv zu bewerten. Sebastian Anderer (Autor), 2011, betriebliches Gesundheitsmanagement in Unternehmen, München, GRIN Verlag, https://www.grin.com/document/197602. [22.10.2019]

4.5 Betriebliches Eingliederungsmanagement

Wenn Mitarbeiter durch Krankheit längere Zeit ausfallen, ist die Rückkehr in den Job oft schwierig. Die stufenweise Wiedereingliederung soll ihnen helfen, sich wieder an ihre frühere Tätigkeit heranzutasten. Ein Beispiel aus der Praxis: Carla war eine beliebte Mitarbeiterin, engagiert, motiviert und stets hilfsbereit. Bis sie auf Grund einer Erkrankung längere Zeit ausfiel. Dies dauerte insgesamt acht Monate. Je länger die Arbeitsunfähigkeit dauert, desto schwieriger wird es die Arbeit wieder aufzunehmen. Carla möchte jedoch gerne wieder zurück in ihren Job. Doch wird sie bei ihrer Rückkehr nicht sofort ihr volles Arbeitspensum leisten können. In diesem Fall war die stufenweise Wiedereingliederung die richtige Maßnahme. Sie sollte Carla schrittweise an die wöchentliche Arbeitszeit gewöhnen und ihr so den Wiedereinstieg in den Job erleichtern. Da ein Rückfall verhindert werden sollte, stellte der behandelnde Arzt einen Wiedereingliederungsplan auf. Der Plan beinhaltete folgende Punkte wie Beginn und Ende der Maßnahme, Tätigkeiten und Belastungen, die Carla vermeiden sollte und nähere Informationen zu den einzelnen Stufen. So konnte Carla erfolgreich wiedereigegliedert werden und stand der Einrichtung wieder zur Verfügung.

4.6 Gesundheits-Check-Ups

Ab dem 35. Lebensjahr können sich Versicherte der gesetzlichen Krankenversicherung alle drei Jahre kostenfrei einer Vorsorgeuntersuchung unterziehen. Dabei erfolgt eine ausführliche körperliche Untersuchung, eine Blutuntersuchung, die Überprüfung des Impfstatus und eine Urinuntersuchung. Zudem gibt es ein Beratungsgespräch und der Arzt gibt Empfehlungen, wie man der Entstehung von Krankheiten vorbeugen kann. (vgl. Online Ratgeber Krankenversicherung: Gesundheits-Check-up (Stand: 12.04.2019). https://www.bundesgesundheitsministerium.de/checkup.html.[22.10.2019]

4.7 Arbeitskreis Gesundheit

Der Arbeitskreis dient als Steuergremium des BGM. Eine Voraussetzung für die Arbeit des Arbeitskreises ist die bereits erwähnte Analyse der Ausgangssituation in einer Einrichtung durch die dargestellten Instrumente. Aus den Daten aus Gesundheitsberichten, Gefährdungsbeurteilungen, Gesundheits-Check-Ups und Mitarbeiterbefragungen entscheidet der Arbeitskreis Gesundheit über geeignete Maßnahmen. Eine weitere Aufgabe des Arbeitskreises ist die Kontrolle bereits durchgeführter Maßnahmen wie z.B. nach einer Wiedereingliederung.

5 Maßnahmen des betrieblichen Gesundheitsmanagements in der Kindertagesstätte

Betriebliches Gesundheitsmanagement (BGM) für Kindertagesstätten muss anders als für Unternehmen konzipiert sein, da Arbeitsbedingungen und Vorbildfunktion der Erzieher/innen spezielle Anforderungen an den Beruf stellen. Erzieher/innen dienen durch ihr eigenes Gesundheitsbewusstsein und ihrem sichtbaren Gesundheitszustand als Beispiel und haben die verantwortungsvolle Aufgabe, dies an die Kinder weiterzugeben. Das erlernte Gesundheitsbewusstsein wird die Kinder ihr ganzes Leben begleiten, sodass es schon deswegen wichtig ist, auch die Gesundheit der Erzieher/innen nicht zu vernachlässigen.

Die übergeordneten Ziele betrieblichen Gesundheitsmanagements (BGM) sind Aufbau und Erhalt einer gesunden Unternehmenskultur. Dies beinhaltet die Reduzierung von gesundheitsschädigenden und vermeidbaren Belastungen im Arbeitsalltag, sowie die Befähigung der Mitarbeiter/innen zu einem eigenverantwortlichen und gesundheitsbewussten Verhalten. Herrmann, Karsten: Betriebliches Gesundheitsmanagement in der Kita (Stand: 12.09.20219). https://www.nifbe.de/fachbeitraege/beitraege-von-a-z?view=item&id=872:betriebliches-gesundheitsmanagement-in-der-kita.[22.10.2019]

Um den gesetzlichen Anforderungen und somit seinen Pflichten als Arbeitgeber nachzukommen, ist es notwendig zu wissen, wie es um die Gesundheit der Mitarbeiter steht und welchen Belastungen und gesundheitlichen Gefährdungen diese ausgesetzt sind. In Kapitel vier habe ich bereits verschiedene Instrumente zur Gesundheitsanalyse vorgestellt. In Kapitel fünf folgen nun konkrete Maßnahmen zur präventiven Gesundheitsförderung bzw. zur Bekämpfung arbeitsbedingter Beschwerden bezogen auf die Kindertagesstätte, denn Prävention ist Pflicht!

Herausforderungen eines betrieblichen Gesundheitsmanagements im Öffentlichen Dienst

- Der Öffentliche Dienst ist der größte Arbeitgeber Deutschlands
- Heterogenität bzgl. Arbeitsfeldern und Arbeitsplätzen (ÖPNV, Sparkassen, Krankenhäuser…)
- Große, genauso wie kleine und kleinste Dienststellen
- Sehr unterschiedliche Strukturen, Hierarchien und Ressourcen

Daraus wird deutlich, dass sich keine Pauschallösungen für Unternehmen im öffentlichen Dienst entwickeln lassen. Die Herausforderung liegt darin, individuelle Lösungen zu entwickeln und diese gewinnbringend bei den Arbeitgebern zu integrieren.

Der dringende Bedarf für ein BGM im Öffentlichen Dienst wird aus verschiedenen Faktoren deutlich:

- Hohe krankheitsbedingte Fehlzeiten (Öffentlicher Dienst Brandenburg, 2012)*
- Krankenstand rund 6.4%
- Rund 2.343 Fehltage je 100 Beschäftigte
- Rund 13 Fehltage je Krankheitsfall
- Arbeitsunfähigkeits-Quote von rund 65%
- Nahezu alle Bereiche des Öffentlichen Dienstes befinden sich seit einigen Jahren in tiefgreifenden Umstrukturierungsprozessen
- Arbeitsverdichtung aufgrund neuer Aufgaben, Technologien und Arbeitsabläufe
- Verringerung physischer Belastungen aber gleichzeitiger Anstieg von psychischen Belastungen durch Rationalisierungsprozesse
- Besondere Herausforderung für ältere Beschäftigte bei zunehmendem Durchschnittsalter der Belegschaft

Diese Herausforderungen machen deutlich, dass BGM ein wichtiges Managementinstrument für den Öffentlichen Dienstes ist, und dass es individueller Lösungen bedarf um BGM effektiv einzusetzen.

*Fehlzeitenreport 2013, BMAS, Bundesanstalt für Arbeitsschutz und Arbeitsmedizin

Herausforderungen eines betrieblichen Gesundheitsmanagements im öffentlichen Dienst (Stand: 2018) https://eo-gesundheitscenter.de/herausforderungen-eines-betrieblichen-gesundheitsmanagements-im-oeffentlichen-dienst/. [22.10.2019]

Um das betriebliche Gesundheitsmanagement in die Kita zu integrieren, können Sie sich an folgende Partner wenden, die Unterstützung anbieten:

- Krankenkassen
- Staatliche Gewerbeaufsicht (Länderregelung)
- Berufsgenossenschaften und Unfallversicherungen
- Freie Dienstleister (BGM-Dienstleister, BGF-Dienstleister, Unternehmensberater, Fachkräfte für Arbeitssicherheit)
- Arbeitsmedizinische Dienstleister (z.B. freie Arbeitsmediziner, B.A.D.)
- Industrie- und Handelskammer
- Handwerkskammern

Bilden Sie Netzwerke!

BGM ist eine Aufgabe, für deren Umsetzung es in kleineren Kita-Einrichtungen manchmal an personellen und finanziellen Ressourcen mangelt. Hinzu kommt, dass einige BGM-Maßnahmen eine Mindestanzahl von Mitarbeitern und Mitarbeiterinnen voraussetzen, damit diese durchgeführt werden können.

Die Vernetzung mit anderen Kitas oder Institutionen kann sinnvoll sein, um dennoch ein umfassendes BGM zu implementieren. Von Kooperationen können somit alle profitieren. In welchen Fällen könnte sich z.B. eine Kooperation anbieten? Gute Gelegenheiten sind Schulungen, Fortbildungen und Kurse für Mitarbeiter/innen aus verschiedenen Kitas. Beispielsweise kann man ein gemeinsames sportliches Angebot auf die Beine stellen, Schulungen und Kurse für Führungskräfte aus verschiedenen Kitas organisieren, externe Beratungsangebote zusammen nutzen, Gesundheitstage gemeinsam veranstalten und die Essensverpflegung für alle gestalten. Herrmann, Karsten: Betriebliches Gesundheitsmanagement in der Kita (Stand: 12.09.20219). https://www.nifbe.de/fachbeitraege/beitraege-von-a-z?view=item&id=872:betriebliches-gesundheitsmanagement-in-der-kita. [22.10.2019]

5.1 „Gesunde Führung"

Was versteht man unter gesunder Führung? Ein gesunder Führungsstil bedeutet für mich, den Mitarbeitern Offenheit, Wertschätzung und Anerkennung gegenüber zu bringen. Außerdem liegt die Aufgabe einer Leitung in der Motivation der Mitarbeiter und darin ihre Ziele in Einklang mit denen des Unternehmens zu bringen. (vgl. https://www.corporate-health-netzwerk.de/bgm-wissen/gesunde-fuehrung/). [22.10.2019]

Ein auf Anerkennung und Wertschätzung basierender Führungsstil ist die effektivste Maßnahme im betrieblichen Gesundheitsmanagement (Fresenius-Studie, 2015). Die Führungskraft ist wichtiger als der ergonomische Bürostuhl: Zwischenmenschliche Belastungen und Frustrationen werden mit ins Privatleben genommen und wirken dort weiter auf die körperliche und seelische Gesundheit des Mitarbeiters, der Bürostuhl dagegen nicht.

Führungskräfte haben mit ihrer individuellen Persönlichkeit nicht nur einen pathogenen oder salutogenen Einfluss, sie haben auch eine Vorbildfunktion, die zur Identifikation des Mitarbeiters mit dem Unternehmen wichtig ist. Wie ist der Umgang mit Konflikten und Belastungsspitzen, wird die Arbeit effektiv organisiert? Wie ist das eigene Gesundheitsverhalten der Führungskraft? Sind Gesprächsführung und Stressmanagement dazu geeignet, ein gutes Beispiel für das Team zu sein? Nimmt die Führungskraft selbst an den angebotenen Gesundheitsleistungen teil?

Ein defizitärer Führungsstil ist ein häufiger Grund für Fluktuation. Der hierdurch entstehende Schaden lässt sich nicht ausschließlich monetär in Form von Aufwänden für Rekrutierungsmaßnahmen und Einarbeitungen messen, sondern kann mit dem Begriff Humankapital bezeichnet werden: mit dem Mitarbeiter gehen nicht ersetzbare Erfahrungswerte und Kompetenzen verloren.

Zur Entwicklung eines gesunden Führungsstils sind z.B. folgende Maßnahmen geeignet:

1. Anwendung wertschätzender Kommunikationsstrategien
2. Lösungs- statt Problemorientierung
3. Implementierung einer offenen Fehlerkultur
4. Vorbildverhalten der Führungskraft
5. Vergrößerung des Entscheidungs- und Handlungsspielraums des Mitarbeiters
6. Schaffung eines sozialen Betriebsklimas
7. Persönliche Ansprache der Führungskraft
8. Investition in Seminare zur Führungskräfteentwicklung
9. Angebote zum Stressmanagement

(Stand: 2014-2019). (https://www.corporate-health-netzwerk.de/bgm-wissen/gesunde-fuehrung/).[22.10.2019]

5.2 Psychische Gesundheit und Entspannung

Gerade in stressigen Zeiten ist es wichtig, sich bewusst regelmäßige Auszeiten im Alltag zu nehmen. Hält die Stressbelastung nämlich über einen längeren Zeitraum an, kann sich das negativ auf die psychische und physische Gesundheit auswirken.

Die Anzahl derer, die von Burn-Out-Syndromen, Depressionen, Angsterkrankungen oder Schlafstörungen betroffen sind, steigt stetig: Im Jahr 2012 wurden bundesweit 60 Millionen Arbeitsunfähigkeitstage aufgrund psychischer Erkrankungen registriert (Bundesministerium für Arbeit und Soziales, 2013). Psychische Erkrankungen sind die zweithäufigste Diagnosegruppe bei Arbeitsunfähigkeit. Sie dauern mit 40,1 Tagen dreimal so lange wie andere Erkrankungen (BKK Gesundheitsreport, 2014). Die direkten Krankheitskosten für psychische Erkrankungen betragen rund 16 Milliarden Euro pro Jahr und werden sich bis zum Jahr 2030 auf geschätzte 32 Milliarden Euro verdoppeln (Bundesanstalt für Arbeitsschutz und Arbeitsmedizin 2011). (vgl. ebenda.).

Für die Entspannung und Regeneration gibt es viele Möglichkeiten, wie zum Beispiel:

- Zeitliche Puffer bei Arbeitsaufgaben einplanen
- Gestaltung des Pausenraums
- Feste Pausenzeiten

- Erzieherinnen und Erzieher erhalten hinreichende Schulung und Ausbildung über Möglichkeiten zum Zeitmanagement, über Entspannungstechniken, die sie gemeinsam mit den Kindern anwenden können
- Alltagspausen nutzen, kleine Entspannungsfrequenzen in die eigene Pausengestaltung sowie in die Arbeit mit den Kindern einbauen
- Zeitmanagement-Techniken erwerben
- Regelmäßige gemeinsame Analyse des Arbeitsalltags in Abgleich mit den Aussagen und Zielsetzungen der Träger- und Einrichtungskonzeption
- Mitgestaltung des Dienstplans

5.3 Sport und Bewegung

Pädagogische Fach- und Leitungskräfte sind oft einseitigen körperlichen Belastungen wie, ungünstige gebeugte Sitzhaltung, ungünstige Körperhaltungen beim Spielen oder Basteln oder Belastungen durch Heben, Tragen oder Windeln von Kindern ausgesetzt. Das Sitzen an Kinderstühlen erlaubt keine rückengerechte Haltung. Da meistens die Beine nicht unter den Tisch passen, wird parallel zum Tisch gesessen und die Verdrehung der Hals- und Lendenwirbelsäule erreicht. Langes Sitzen kann die Beanspruchung steigern. (vgl. Unfallkasse Hessen: Arbeitsbedingte Belastungen von Erzieher/Innen (Stand: 2019). https://kita.ukh.de/fachthemen/arbeits-und-gesundheitsschutz/gesundheitsschutz-fuer-paedagogische-fach-und-leitungskraefte/arbeitsbedingte-belastungen-von-erzieherinnen/. [22.10.2019]

- Bei den üblichen „Sitz-Zeiten" der Erzieher/Innen von ca. 2, 5 h/ Tag wird man also für eine ergonomische Sitzhaltung und eine rückengerechte Arbeitsweise sorgen müssen. Eine ergonomische Sitzhaltung verlangt in der Regel einen Tisch in Erwachsenenhöhe sowie einen entsprechend geeigneten Stuhl. Damit dieses Sitzsystem realisiert werden kann, muss die Sitzhöhe der Kinder an die „Erwachsenentischhöhe" angepasst werden, wozu es spezielle (höhenverstellbare) Kinderstühle gibt. Bei Personen mit „kleiner Körpergröße" kann eine angemessene Sitzposition ggf. auch durch die Verwendung spezieller (tief einstellbarer) Bürodrehstühle erreicht werden, die üblichen Kinderstühle können bei dieser Lösung beibehalten werden.
- Da die Anschaffung ergonomischer Möbel natürlich auch ein Kostenfaktor ist, sollte vor bzw. bei der Anschaffung das Angebot etlicher Hersteller genutzt werden, geeignete Stühle auszuprobieren.

Selbstverständlich gehört zu einem gesunden Rücken auch eine gestärkte Rückenmuskulatur. Entsprechende Gymnastik- und Rückenschulangebote sollten daher angenommen und die Inhalte im Alltag umgesetzt werden. Wichtig: Rückengerechtes Arbeiten ist nicht nur ein Thema für bereits Erkrankte, auch beschwerdefreie Mitarbeiter/Innen sollten alles dafür tun, dass der „Rücken gesund bleibt". (vgl. ebenda.).

Außerdem können folgende Angebote im Bereich Bewegung erfolgreich sein:
- Bereitstellen von Infomaterial
- Bewegte Pausen
- Zusammenarbeit mit Fitnessstudio
- Betriebssport

5.4 Lärmreduktion

Die Betreuung von bis zu 25 Kindern in einer Gruppe stellt akustisch eine besondere Situation dar. Der Lärmpegel wird deutlich erhöht durch parallel stattfindendes Schreien, Lachen und Sprechen. In Kindertagesstätten durchgeführte Lärmmessungen ergeben z.T. einen Lärmpegel über 80 dB(A). (vgl. https://kita.ukh.de/fachthemen/arbeits-und-gesundheitsschutz/gesundheitsschutz-fuer-paedagogische-fach-und-leitungskraefte/arbeitsbedingte-belastungen-von-erzieherinnen/).[22.10.2019]
Der Körper ist dauerhaft einem externen Stressor ausgesetzt. Ob der Dauerstress zu psycho- mentalen Belastungen führt, hängt unter anderem von der Einstellung eines Menschen ab. Mc Ewan und Stellar prägten 1993 erstmals den Begriff Allostatische Last. (vgl. Jwdietrich2: Allostatische Last (Stand: 05.10.2019). https://de.wikipedia.org/wiki/Allostatische_Last. [20.10.2019].
Der Allostatic Load ist ein Stressmodel. In bestimmten Situationen schützen uns Stressreaktionen, da sie für uns überlebenswichtig sind. Allerdings kann zu viel Stress negative Einflüsse haben und uns krank machen.
Somit ist es wichtig, der Lärmbelastung Aufmerksamkeit zu schenken und Schutzmaßnahmen zu ergreifen wie zum Beispiel:

Bauliche Maßnahmen

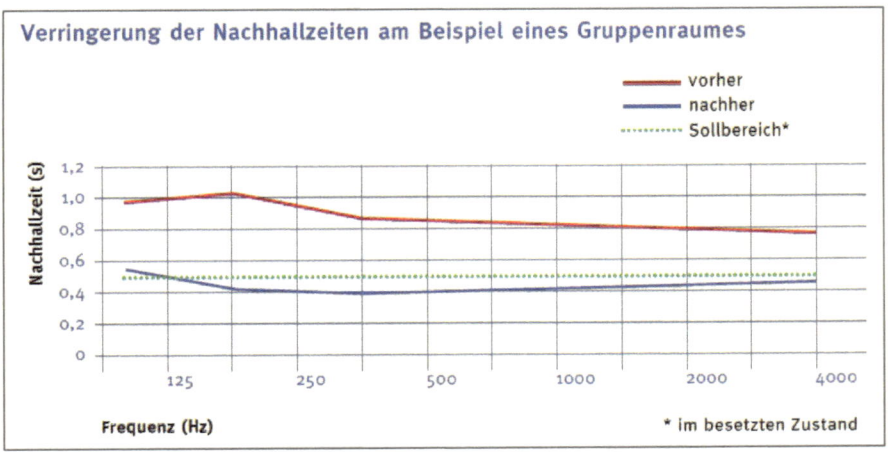

Die Abbildung oben zeigt die Senkung der Nachhallzeit in einem Gruppenraum durch Einbau von Akustikplatten. Es ist deutlich erkennbar, dass die Nachhallzeit über den gesamten Frequenzbereich nahezu halbiert wurde. Lärmminderung und subjektive Wahrnehmung der Raumakustik wurden damit deutlich verbessert.

Wesentlich bei der Lärmminderung ist die Optimierung der Raumakustik. Schallharte Oberflächen –wie die heute üblichen Bodenbeläge und großen Glasflächen- führen zu hohen Nachhallzeiten, die vorhandene Schallquellen quasi verstärken. Gruppen-, Mehrzweckräume sowie Flure sollen deshalb den Anforderungen der DIN 18041 „Hörsamkeit in kleinen bis mittelgroßen Räumen" entsprechen. Durch die Einhaltung der Normwerte können die Nachhallzeit und damit die Lärmbelastung merklich reduziert werden. Erreicht wird dies in der Regel durch den Einbau sogenannter Akustikdecken, das sind Deckenverkleidungen aus schallabsorbierenden Materialien. Diese gibt es in verschiedenen Designs wie z.B. Lochplatten oder mikroperforierte Platten.
Während bei Neubauten die Berücksichtigung des Schallschutzes relativ einfach ist, muss bei bestehenden Bauten der geeignete Schallschutz aufgrund der jeweiligen Rahmenbedingungen gewählt werden. In der Praxis gelingt dies in der Regel jedoch problemlos und gerade die nachgerüsteten Räume weisen eine deutliche Verbesserung der "Nutzungssituation" auf.

Organisatorische Maßnahmen

Durch organisatorische Maßnahmen können Arbeitsabläufe so geändert werden, dass sich eine Reduktion der Lärmeinwirkung ergibt. Mögliche Ansätze hierzu sind:

- Lärmpausen
- Reduzierung der Gruppengröße

Als Lärmpausen können alle Tätigkeiten genutzt werden, die nicht unbedingt im Gruppenraum stattfinden müssen (wie z.B. Schreibarbeiten, Vorbereitungen etc.).

Die Reduzierung der Gruppengröße ist ebenfalls geeignet die Lärmeinwirkung zu reduzieren. Es wäre wünschenswert, wenn im Rahmen bestehender Bildungsoffensiven hier Veränderungen der Vorgaben erreicht würden.

Pädagogische Maßnahmen

Zusätzlich zur Raumakustik können weitere Verbesserungen erreicht werden, wenn lärmintensive Aktivitäten verändert oder vermieden werden. Hierzu gehört z.B. auch eine diesbezügliche Reflektion des pädagogischen Konzepts der Einrichtung. Es gilt also zunächst lärmintensive Tätigkeiten/ Aktivitäten festzustellen, was in der Regel leicht auch ohne Messgeräte möglich sein dürfte. Die gefundenen „Lärmquellen" müssen dann hinsichtlich möglicher Maßnahmen betrachtet und verändert werden. Letzteres wird nicht immer auf Anhieb mit Erfolg gelingen, hier sollte eine gewisse Bereitschaft zum „Experimentieren" bestehen.

Lärmampel

Für den Schul- und Kindertagesstätten-Bereich sind diverse (darstellende) Lärmmessgeräte unterschiedlichster Preisklassen auf dem Markt. Ob in Form einer Ampel oder als stilisiertes Ohr zeigen diese Geräte im rot-gelb-grün-Modus die jeweilige Lärmsituation im Raum an. Die sinnvolle Nutzung dieser Geräte kann nur im Rahmen einer entsprechenden Konzeption erfolgen - einfaches Hinhängen/ -stellen genügt nicht.

Grundsätzlich gibt es über die Dauerwirksamkeit der Geräte noch wenige Aussagen. Unabhängig hiervon eignen sie sich jedoch auf jeden Fall hervorragend zur Darstellung eines bestehenden Lärmproblems. Kitaportal der Unfallkasse Hessen: Arbeitsbedingte Belastungen von Erzieher/Innen (Stand: 2019).

https://kita.ukh.de/fachthemen/arbeits-und-gesundheitsschutz/gesundheitsschutz-fuer-
paedagogische-fach-und-leitungskraefte/arbeitsbedingte-belastungen-von-
erzieherinnen/[22.10.2019]

Welche Maßnahmen letztendlich konkret in einer Kindertagesstätte umgesetzt werden können, gilt es vorab zu prüfen und im Team zu besprechen. Entscheidend sind natürlich die Gegebenheiten der Einrichtung, sowie die Bedingungen wie Personalschlüssel etc.

5.5   Stressmanagement

Nun haben wir schon mehrfach festgestellt, dass sich für den Beruf des Erziehers eine Vielzahl an beruflichen Belastungsfaktoren finden lassen. Sie fühlen sich oft einem hohen Zeitdruck ausgesetzt, haben zu wenig Zeit für Vor- und Nachbereitungsaufgaben, körperliche Belastungen, Ansprüchen der Eltern gerecht werden etc. Dies alles stellt die Mitarbeiter vor Herausforderungen und kann zu Stresssituationen führen. Doch was bedeutet der Begriff Stress?

Die Psychologen Zimbardo und Gerring (1999) sehen im Stress einen *»[...] subjektiv unangenehmen Spannungszustand, der aus der Befürchtung entsteht, dass eine stark aversive, subjektiv zeitlich nahe (oder bereits eingetretene) – und subjektiv lang andauernde Situation sehr wahrscheinlich nicht vollständig kontrollierbar ist, ihre Vermeidung aber subjektiv wichtig erscheint.«*

Stressformen (Eustress und Distress)

Nach Selye werden als Eustress diejenigen Reize bezeichnet, die als angenehm empfunden werden, also positiver Stress. Als bekanntes Beispiel wird hierzu oft eine Hochzeitsvorbereitung für ein Brautpaar genannt: Viel Organisation im Vorfeld, jedoch mit Blick auf den besonderen Tag durchaus ein positiver Stress. Wenn man die Fähigkeiten und Fertigkeiten besitzt, den stressenden Anforderungen gerecht zu werden, und die Möglichkeit hat, die dadurch freiwerdenden körperlichen Energien auch auszuleben, spürt man positiven Stress. Aufgrund dieser positiven Stressempfindung kann sogar das Selbstvertrauen und Wohlbefinden gesteigert werden, was wiederum in Fitness oder Vitalität resultiert.

In Abweichung zu Selye, der noch zwischen dem positiven Eustresse und dem negativem Distress unterschied, wird Stress heute überwiegend negativ und als unangenehm empfundener Spannungszustand betrachtet. Dessen Folgen können allerdings kurzfristig auch positiver Art sein, etwa die Erhöhung der Handlungskompetenz bei Bewältigung der Stresssituation oder Erweiterung der Frustrationstoleranz eines Individuums.

Wolters Kluwer: Das müssen sie über Stress wissen. https://www.kitaleitungswissen.de/organisation-und-verwaltung/kita-als-organisation/stressmanagement/detail/das-muessen-sie-ueber-stress-wissen/.[22.10.2019]

Auf Grund der vielen Belastungsfaktoren in Kindertagesstätten ist es wichtig, eine mentale Stresskompetenz zu entwickeln. Dies erreichen wir zum einen durch die schon vorgestellten Maßnahmen wie Entspannung oder Sport und Bewegung. Zum anderen können wir durch gezieltes Stressmanagement belastenden Situationen entgegenwirken.

Stressmanagement – Was erhält mich gesund?

Nachfolgend wird unter Stressmanagement die individuelle Selbstkontrolle auf einen unangenehmen Spannungszustand verstanden und der Fokus des Stressmanagements soll nun auf dem Salutogenese-Modell nach Aaron Antonovsky liegen. Das Salutogenese-Modell des amerikanisch-israelischen Gesundheitsforschers Antonovsky basiert auf dem Kohärenzgefühl und »Salutogenese« bedeutet wörtlich übersetzt »Gesundheitsentstehung«. Antonovsky, dessen Mutter im Konzentrationslager überlebt hat, ging in seinen Forschungen der Frage nach, was den Menschen gesund erhält, statt ihn erkranken zu lassen und prägte den Begriff des Kohärenzgefühls (Antonovsky, 1987).

Mit dem Begriff des Kohärenzgefühls definierte Antonovsky eine globale Orientierung, »[…] die das Maß ausdrückt, in dem man ein durchdringendes, andauerndes aber dynamisches Gefühl des Vertrauens hat, dass die eigene interne und externe Umwelt vorhersagbar ist und dass es eine hohe Wahrscheinlichkeit gibt, dass sich die Dinge so entwickeln werden, wie vernünftigerweise erwartet werden kann« (Antonovsky, 1987).

Überträgt man Antonovskys Gedanken der Gesundheitsentstehung auf die psychische Widerstandskraft, könnte in Belastungssituationen danach gefragt werden: »Was erhält meine Seele gesund?«, statt zu fragen: »Was macht meine Seele krank?« In der Medizin hat der Begriff »Psych« die Bedeutung von »Seele« oder »Gemüt« (Pschyrembel, 2007). In der Antike verband man mit dem Wort Psyche »Schmetterling«; altgriechisch »Psyche« ~

»Schmetterling«. (Sternke, 2008). Bezogen auf den salutogenetischen Blick zum Erhalt der Gesundheit, könnte beispielsweise danach gefragt werden: »Was bringt meine Seele zur Entfaltung?«

Antonovsky zu Folge ist es leichter, »[…] den zahllosen Stressoren, von denen wir fortwährend bombardiert werden, einen Sinn zu geben« (Antonovsky, 1987), statt sich vor ihnen zu fürchten. Dadurch, dass die Stressoren einen Sinn erhalten, so war der Forscher überzeugt, würden sie mit der Zeit durch Akzeptanz ein starkes Kohärenzgefühl erzeugen.

Bezogen auf die oben genannte Einordnung der Stressoren, bedeutet dies, dass mit der Zeit eine Um-Bewertung der Stressoren erfolgen kann, wenn diese mit Sinnhaftigkeit angesehen werden können. Das Schlüsselelement zur Annahme der Stressoren ist die persönliche Zieldefinition. Wolters Kluwer: So funktioniert Stressmanagement wirklich https://www.kitaleitungswissen.de/organisation-und-verwaltung/kita-als-organisation/stressmanagement/detail/so-funktioniert-stressmanagement-wirklich/.[22.10.2019]

Um Stressmanagement im pädagogischen Alltag zu integrieren und durchzuführen bieten sich unterschiedliche Möglichkeiten an wie:

- Fortbildung zum Thema Stressmanagement
- Atemübungen
- Bewegung
- Ziele und Aufgaben festlegen z.B. mit der SMART Formel

Siehe auch im Anhang 2. Abb.1: Arbeitshilfe: Die Richtige Strategie im Umgang mit Stress.

6 Grundlagen der Work-Life-Balance

Die vorgestellten Maßnahmen zum Thema Gesundheitsschutz in Kindertagesstätten dienen zum einen zur gesundheitsförderlichen Gestaltung von betrieblichen Strukturen und zur Gesunderhaltung und Stärkung der Produktivität der Mitarbeiter, aber zum anderen auch zur Verbesserung der Work-Life-Balance der Fachkräfte. Denn die Maßnahmen des BGM und der WLB sind teilweise kongruent wie z.B. der Betriebssport. Aber was bedeutet der Begriff Work-Life-Balance eigentlich?

6.1 Begriffsdefinition der Work-Life-Balance

WLB, ein Begriff der immer mehr die heutige Arbeitskultur prägt und an Bedeutung gewinnt sowohl für Arbeitgeber, als auch für Arbeitnehmer.

Immer wieder liest man in Stellenanzeigen des öffentlichen Dienstes den Begriff Work-Life-Balance. Im Wettbewerb um Fachkräfte setzen Arbeitgeber zunehmend auf dieses Argument. Insbesondere Führungskräfte sind für die Verbesserung der Work-Life-Balance in einer Einrichtung zuständig. Zum einen gehört man als Leitung selbst zur Gruppe der gefährdeten Personen, und zum anderen hat man mit einem entsprechenden Führungsverhalten großen Einfluss auf die Work-Life-Balance der Mitarbeiter.

Der Begriff „Work-Life-Balance" wird synonym zu dem Ausdruck „Vereinbarkeit von Familie und Beruf" verwendet und bezeichnet einen Zustand, in dem sich Berufs- und Privatleben harmonisch miteinander in Einklang befinden. Da die klassische Familienstruktur heute durch verschiedene Lebensformen abgelöst wird, hat sich dieser Begriff durchgesetzt. Kritiker merken berechtigterweise an, dass die Bezeichnung „Work-Life-Balance" irreführend sei, da sie ausdrückt, dass der Lebensbereich der Arbeit etwas sei, was vom Rest des Lebens getrennt ist.

Die rasant wachsende Zahl von Arbeitsunfähigkeitstagen aufgrund von psychischen Erkrankungen und Burn-Out-Syndromen macht deutlich, dass die Regulierung der Work-Life-Balance ein notwendiger Baustein im BGM ist. Gleichzeitig ist es eine gesellschaftliche und politische Notwendigkeit, auch die Vereinbarkeit von Familie und Beruf zu gewährleisten, um der sinkenden Geburtenrate in einer insgesamt alternden Gesellschaft entgegenzuwirken und auch junge, gut ausgebildete Frauen im Job zu behalten. (Stand: 2014-2019). https://www.corporate-health-netzwerk.de/bgm-wissen/work-life-balance/.[22.10.2019]

Warum ist die Work-Life-Balance in der heutigen Arbeitswelt ein wichtiges Thema?

Nicht nur die **Anforderungen im Arbeitsleben** haben sich in den letzten Jahrzehnten stark verändert, auch die **gesellschaftlichen Werte** und damit die Bedeutung von Familie und erfüllenden Lebensplänen befinden sich in einem kontinuierlichen Wandel.

1. **Familienbezogene Anforderungen:**
- Das Bild von Familie hat sich dahingehend gewandelt, das vermehrt beide Partner/innen erwerbstätig sind und sich nicht mehr eine/r ganz der Familie und der Kindererziehung widmet.
- Darüber hinaus sind viele Eltern auch alleinerziehend und müssen ebenfalls beiden Rollenanforderungen gerecht werden.
- Hinzu kommt außerdem, dass die aktuelle Generation der Senioren/innen immer älter und damit auch häufiger pflegebedürftig wird. So sehen sich Erwerbstätige oft nicht nur im Spagat Arbeit und Kinderbetreuung unter einen Hut zu bringen. In vielen Familien kommen auch die Pflege und Betreuung der eigenen Eltern mit dazu.
- Die Ansprüche an eine erfüllende und befriedigende Lebensführung steigen ebenfalls: Gut Wohnen, schöne Urlaube und ein teures Auto. Der angestrebte Wohlstand muss jedoch durch entsprechend honorierte Jobs finanziert werden, die eben oftmals ein hohes Maß an Flexibilität und Engagement erfordern.
- Die Erwartungshaltungen bezüglich Arbeit und Privatleben der Generationen Y und Z weichen deutlich von den bisherigen Vorstellungen ab.

2. **Arbeitsanforderungen:**
- Arbeitnehmerinnen und Arbeitnehmer müssen heute im Arbeitsleben mehr Eigenverantwortung, Kooperations- und Selbstmanagementfähigkeiten zeigen aufgrund:
- der Globalisierung, die durch die Zunahme internationaler Konkurrenz und internationaler Migration spürbar wird.
- des wirtschaftlichen Strukturwandels, der ein gestiegenes Qualifikationsniveau durch neue Formen wissensbasierter Dienstleistungen mit sich bringt, aber auch prekäre Beschäftigungsverhältnisse wie Zeitarbeit oder befristete Anstellungen werden immer häufiger genutzt.

- neuer technologischer Möglichkeiten, die eine permanente Erreichbarkeit, unabhängig von Zeit und Ort ermöglichen.
- des demografischen Wandels, der eine Überalterung der Gesellschaft mit sich bringt und dazu führt, dass die Erwerbsbevölkerung abnimmt, aber immer mehr erwirtschaften muss. Dies hat unweigerlich eine Verlängerung der Lebensarbeitszeit zur Folge.

Lilie, Oliver: Work-Life-Balance – Vereinbarkeit von Arbeits- und Privatleben (Stand: 2019). https://www.perwiss.de/thema-work-life-balance.html.[22.10.2019]

Welches Bild zeichnen Untersuchungen zum Thema Work-Life-Balance?

Mit der Nutzung von Internet und auch Social Media entstehen für Privatleben und Berufswelt viele Vorteile. Dazu gehören zum Beispiel örtliche und zeitliche Unabhängigkeit von Beschäftigten. Daraus ergibt sich aber auch die Gefahr, dass es zu einem permanenten und schwer steuerbaren Eingriff in die private Lebenswelt kommt. Das Beratungsunternehmen Mercer befragte in Zusammenarbeit mit der Technischen Universität München und der Fachhochschule Rosenheim zu diesem Thema mehr als 150 Führungskräfte in Deutschland und fasste die Ergebnisse in der Studie Stressfaktor Smartphone 2015 zusammen. Das zentrale Ergebnis ist: 99 Prozent der deutschen Führungskräfte sind außerhalb der regulären Arbeitszeit beruflich erreichbar, und 90 Prozent sind weiterhin auch im Urlaub geschäftlich zu erreichen. Jedoch fühlen sich neun von zehn der befragten Führungskräfte durch ihr Smartphone und die damit verbundene unbeschränkte Erreichbarkeit gestresst. Die Quintessenz der Studie ist letztendlich, dass Unternehmen und ihre Beschäftigten verbindliche Regeln für den Umgang mit Smartphones einführen und gezielt Aufklärung zum betrieblichen Gesundheitsmanagement betreiben sollten.

Die Bertelsmann-Stiftung gibt jährlich in Zusammenarbeit mit der BARMER GEK den Gesundheitsmonitor heraus. Dazu gehört auch eine 2015 durchgeführte Befragung von etwa 1.000 Erwerbstätigen in Deutschland unter der Überschrift "Psychosozialer Stress am Arbeitsplatz". Dieser Untersuchung zufolge geben etwa 25% der befragten Arbeitnehmerinnen und Arbeitnehmer in Vollzeit an, dass sie nicht glauben, das eigene Arbeitstempo dauerhaft durchhalten zu können. Weiterhin erreichen 18% der Befragten oft die eigenen Leistungsgrenzen und 23% der Befragten arbeiten gänzlich ohne Pausen.

Begründet werden diese Zahlen durch hohe Leistungsanforderungen. 42% der Befragten geben an, dass sie in einem Arbeitsumfeld mit ständig wachsenden Leistungszielen arbeiten. Eine Überforderung entsteht dann, wenn diese hoch angelegten Ziele zu neuen Standards umgewandelt werden. (vgl. ebenda.).

Was kann die Work-Life-Balance in Gefahr bringen?

Wie bereits zu Anfang erwähnt, gibt es immer zwei Seiten, die für das Gelingen der Work Life-Balance Sorge trage können, aber ebenso auch das Gleichgewicht ins Wanken bringen können:

1. **Durch Arbeitnehmer/innen:**

- ein hoher persönlicher Leistungsanspruch, der dazu führt, sowohl im Privat- als auch im Berufsleben alles perfekt machen zu wollen, was nicht immer realisierbar ist
- ein hohes Streben nach Karriere und beruflichem Erfolg
- ein schlechtes Selbstmanagement, wozu insbesondere Organisations- und Planungsfähigkeiten gehören
- ein großes Verpflichtungs- und Verantwortungsgefühl, was zu dem Gedanken führen kann, nicht entbehrlich zu sein und überall mitwirken zu müssen
- die Tendenz zur Selbstausbeutung bei sehr großen Freiheitsgraden der Selbstbestimmung am Arbeitsplatz

2. **Durch Arbeitgeber und Arbeitsverhältnisse:**
- ein permanenter Termindruck und unregelmäßige Arbeitszeiten
- eine Alleinstellungsposition im Unternehmen ohne wirkliche Vertretungsmöglichkeiten
- eine Ungewissheit über die Aufgabenfülle der nächsten Zeit
- eine große Wahrscheinlichkeit von Konflikten
- kaum Kontrollinstanzen bzgl. der tatsächlich erbrachten Arbeitsumfänge (vgl. ebenda.).

6.2 Maßnahmen zur Regulierung der Work-Life-Balance

Trotz der Deckungsgleichheit einiger Maßnahmen der WLB zu Maßnahmen des BGM wie z.B. dem Stressmanagement nenne ich noch ein paar Maßnahmen die sinnvoll zur Regulierung der Work-Life-Balance in einer Kindertagesstätte sein können:

- Teilzeitarbeit, die in unterschiedlichen Formen umgesetzt werden kann
- Sabbaticals
- Gleitzeit mit Kernarbeitszeiten sowie Zeiterfassung
- Flexible Arbeitsorganisation im Team
- Job Rotation
- Serviceleistungen für Familien wie z.B. Kinderbetreuung

7 Nutzen des betrieblichen Gesundheitsmanagements

Wichtig ist die langfristige Einführung der BGM Maßnahmen in den Arbeitsalltag. Also die Schaffung von Rahmenbedingungen in einem Unternehmen. Wie ich bereits erwähnt habe, sind die Ziele des BGM die Gesundheitsförderung und die Krankheitsprävention. Sowohl durch Veränderungen der Bedingungen in den Unternehmen, als auch durch Verhaltensänderungen der Mitarbeiter. Für die Wirtschaftlichkeit von Unternehmen sind die Gesundheit und das Wohlergehen von Beschäftigten von besonderer Bedeutung.

Wissenschaftliche Studien belegen: betriebliches Gesundheitsmanagement reduziert den Krankenstand und erhöht die Produktivität. Nach der Einführung eines betrieblichen Gesundheitsmanagements sinken Krankenstand und Krankheitskosten im Durchschnitt um ca. 25 %.

Betrachtet man die finanziellen Vorteile der Einführung eines betrieblichen Gesundheitsmanagements, so stehen vor allem zwei ökonomische Kennzahlen im Vordergrund (Initiative Gesundheit und Arbeit 2003):

1. Betriebliche Gesundheitsförderung senkt die Kosten, die durch Absentismus und (krankheitsbedingte) Fehlzeiten entstehen.
2. Betriebliche Gesundheitsförderung senkt die Krankheitskosten der Beschäftigten.

Dies belegt auch eine Meta-Evaluation von Chapman (2012), in der die Ergebnisse von insgesamt 42 Studien hinsichtlich der wirtschaftlichen Rentabilität von umfassender, betrieblicher Gesundheitsförderung verglichen werden. Unter einer umfassenden Gesundheitsförderung wird in diesem Review jene Gesundheitsförderung angesehen, die mindestens drei verschiedene Interventionen umfasst, z. B. Fitness, Ernährung, Rauchentwöhnung/-prävention, Stress Management. Das Review zeigt eine durchschnittliche Reduktion des Krankenstandes (Absentismus) von 25,1 %. bei einer Stichprobe von N = 26 Studien. Die Krankheitskosten konnten durchschnittlich um 24,5 % gesenkt werden (N = 32 Studien). Ein entscheidender Erfolgsfaktor ist neben der Ganzheitlichkeit des BGMs auch eine Mindestlaufzeit des Gesundheitsprogramms von 3 bis 6 Monaten, um Gesundheitsrisiken zu senken und 3 bis 5 Jahre, um Kosteneinsparungen zu erzielen. Zudem ist eine hohe Beteiligung der Mitarbeiter, insbesondere derer, die erhöhten Gesundheitsrisiken ausgesetzt sind, maßgeblich für die klinische und finanzielle Wirksamkeit des BGMs (Pelletier, 2001).

Eine Kostenreduktion ergibt sich jedoch nicht allein aus einer Reduktion von Fehlzeiten. Ein nachhaltiges, ganzheitliches und effektives Gesundheitsmanagement kann durch die Verbesserung des allgemeinen Gesundheitszustandes der Mitarbeiter auch zu einer Steigerung der Produktivität führen. Neben Absentismus kann sich nämlich auch der Präsentismus, also die Anwesenheit des Mitarbeiters auf der Arbeit trotz Krankheit und damit verbundene Einbußen der Arbeitsproduktivität, negativ auf das geleistete Arbeitspensum oder dessen Qualität auswirken (Steinke & Badura, 2011).

Erfolgsfaktoren, die das betriebliche Gesundheitsmanagement langfristig zum Erfolg machen und dauerhaft zur Reduktion von Fehlzeit führen, zeichnen sich vor allem aus durch (frei nach Gesundheit Berlin e.V. Arbeitskreis BGF, 2005):

- Ganzheitlichkeit
- Beteiligung aller Ebenen
- Engagement der Führungskräfte
- Partizipation (Mitarbeiterbeteiligung)
- Kooperation mit externen Fachkräften
- Gesundheitszirkel
- Zügige Umsetzung von Maßnahmen
- Nachhaltigkeit

MachtFit Unternehmen Gesundheit: Wissenschaftliche Studien belegen: betriebliches Gesundheitsmanagement reduziert den Krankenstand und erhöht die Produktivität (Stand: 05.12.2016) https://blog.machtfit.de/blog/2016/12/05/betriebliches-gesundheitsmanagement-reduziert-den-krankenstand-und-erhoeht-die-produktivitaet/.[22.10.2019]

Durch die nachhaltige Umsetzung gesundheitsfördernder Maßnahmen wird auf den Erhalt von Gesundheit und Lebensqualität der Beschäftigten gezielt hingearbeitet. Daraus ergeben sich sowohl für den Arbeitgeber, als auch den Arbeitnehmer wesentliche Vorteile.

7.1 Nutzen aus Sicht des Unternehmens

- Erhöhung der Motivation durch Stärkung der Identifikation mit dem Unternehmen
- Kostensenkung durch Reduzierung von Krankheits- und Produktionsausfällen
- Verbesserte Kommunikation
- Steigerung der Produktivität und Qualität
- Imageaufwertung des Unternehmens
- Stärkung der Wettbewerbsfähigkeit
- Geringere Fluktuation
- Förderung der Leistungsfähigkeit aller MitarbeiterInnen

7.2 Nutzen aus Sicht der Mitarbeiter

- Verbesserung der gesundheitlichen Bedingungen im Unternehmen
- Verringerung von (Arbeit-)Belastungen
- Verbesserung des Gesundheitszustandes und Senkung gesundheitlicher Risiken
- Reduzierung von gesundheitlichen Beschwerden
- Verbesserung des Wohlbefindens und der Lebensqualität
- Erhaltung/Zunahme der eigenen Leistungsfähigkeit
- Mitgestaltung des Arbeitsplatzes und des Arbeitsablaufs
- Erhöhung der Arbeitszufriedenheit und Verbesserung des Betriebsklimas

Letzel, Stefan: Was sind die Vorteile von Betrieblichem Gesundheitsmanagement? (Stand: 09.01.2019). http://www.gesundekmu.de/gesundekmu/startseite/was-sind-die-vorteile-von-betrieblichem-gesundheitsmanagement.html.[22.10.2019]

8 Fazit

Zu Beginn dieser Arbeit stellte ich das Problem der deutschen Arbeitsmentalität, den veränderten Arbeitsbedingungen und den daraus resultierenden Erkrankungen vieler Arbeitnehmer dar. Psychisch bedingte Fehlzeiten nehmen auffällig zu. Auch Erzieher erreichen überdurchschnittlich hohe Fehlzeiten. Ist daher das BGM in der Kindertagesstätte ein wichtiges Thema für den Gesundheitsschutz der Pädagogischen Fach- und Leitungskräfte? Diese Frage beantworte ich im Laufe meiner Zertifikatsarbeit und begründe diese durch die herangezogene Fachliteratur. Zunächst zeige ich die Gründe und Vorteile für die Einführung des BGM aufs, die sowohl wirtschaftliche als auch moralische Gründe beinhaltet. Mit verschiedenen Instrumenten des BGM lässt sich zunächst der Gesundheitsstand der Mitarbeiter analysieren, um entweder präventiv die Motivation und Gesundheit langfristig zu erhalten oder um kranke oder abwesende Mitarbeiter wieder in das Unternehmen einzugliedern. Die Auswertung der Analyse erleichtert die Planung und Festlegung der Ziele. Danach können konkrete Maßnahmen durchgeführt werden, um Beispielsweise den Lärm in einer Kita zu reduzieren oder Rückenleiden der Mitarbeiter vorzubeugen. Wichtig ist es, diese Maßnahmen und deren Integration in der Einrichtung zu überprüfen. Die Maßnahmen sollen zum einen zur gesundheitsförderlichen Gestaltung von betrieblichen Strukturen und zur Gesunderhaltung der Mitarbeiter dienen, aber zum anderen auch zur Verbesserung der Work-Life-Balance der Fachkräfte beitragen. Deswegen gehe ich auch auf den Begriff der WLB, auf die Wichtigkeit für die heutige Arbeitswelt und auf Maßnahmen zur Regulierung Dieser ein. Im letzten Kapitel beantworte ich, durch aufzeigen der Nutzen eines betrieblichen Gesundheitsmanagements, meine Fragestellung, ob das BGM ein wichtiges Thema für den Gesundheitsschutz der Fach- und Leitungskräfte in Kindertagesstäten ist, und belege dies anhand der verwendeten Literatur und einer Studie, welche besagt, dass die Einführung eines BGM den Krankenstand reduziert und die Produktivität erhöht. Krankheitskosten sinken im Durchschnitt um ca. 25%. Die Einführung bzw. die Durchführung bestimmter BGM Maßnahmen in der Kita halte ich daher für sinnvoll und wichtig und zwar bevor man krank wird.

9 Literatur

Internetquellen:

https://blog.machtfit.de/blog/2016/12/05/betriebliches-gesundheitsmanagement-reduziert-den-krankenstand-und-erhoeht-die-produktivitaet/.

https://www.bundesgesundheitsministerium.de/checkup.html.
https://www.corporate-health-netzwerk.de/bgm-wissen/work-life-balance/.
https://www.corporate-health-netzwerk.de/bgm-wissen/gesunde-fuehrung/
https://ergonomie-am-arbeitsplatz.de.
https://eo-gesundheitscenter.de/herausforderungen-eines-betrieblichen-gesundheitsmanagements-im-oeffentlichen-dienst/.
http://www.gesundekmu.de/gesundekmu/startseite/was-sind-die-vorteile-von-betrieblichem-gesundheitsmanagement.html
https://www.grin.com/document/293233.
https://www.grin.com/document/197602.
https://kita.ukh.de/fachthemen/arbeits-und-gesundheitsschutz/gesundheitsschutz-fuer-paedagogische-fach-und-leitungskraefte/arbeitsbedingte-belastungen-von-erzieherinnen/.
https://kita.ukh.de/fachthemen/arbeits-und-gesundheitsschutz/gesundheitsschutz-fuer-paedagogische-fach-und-leitungskraefte/arbeitsbedingte-belastungen-von-erzieherinnen/.
https://kita.ukh.de/fachthemen/arbeits-und-gesundheitsschutz/gesundheitsschutz-fuer-paedagogische-fach-und-leitungskraefte/arbeitsbedingte-belastungen-von-erzieherinnen/).
https://www.krankenkassenzentrale.de/magazin/tk-studie-erzieher-ueberdurchschnittlich-haeufig-krank-42416#.
https://www.kitaleitungswissen.de/organisation-und-verwaltung/kita-als-organisation/stressmanagement/detail/das-muessen-sie-ueber-stress-wissen/.
https://www.kitaleitungswissen.de/organisation-und-verwaltung/kita-als-organisation/stressmanagement/detail/so-funktioniert-stressmanagement-wirklich/.
https://www.nifbe.de/fachbeitraege/beitraege-von-a-z?view=item&id=872:betriebliches-gesundheitsmanagement-in-der-kita.
https://www.nifbe.de/fachbeitraege/beitraege-von-a-z?view=item&id=872:betriebliches-gesundheitsmanagement-in-der-kita.
https://www.nifbe.de/fachbeitraege/beitraege-von-a-z?view=item&id=872:betriebliches-gesundheitsmanagement-in-der-kita.
https://www.perwiss.de/thema-work-life-balance.html.

https://www.perwiss.de/gesundheitsmanagement.html.
https://www.rund-um-kita.de/zehn-punkte-kita-veraendert/.
https://de.statista.com/statistik/daten/studie/246810/umfrage/arbeitsunfaehigkeit-aufgrund-psychischer-erkrankungen/.
https://www.unfallkasse-nrw.de/fileadmin/server/download/praevention_in_nrw/praevention_nrw__55.pdf.
https://www.uni-hannover.de/fileadmin/luh/content/alumni/unimagazin/2004/04_3_4_28_31_wattendorff.pdf.
j-bgm.de/bgm-grundlagen/.
https://de.wikipedia.org/wiki/Allostatische_Last.

10 Glossar

BGM	Betriebliches Gesundheitsmanagement
WLB	Work- Life- Balance
Burnout	Ist ein Oberbegriff für bestimmte Arten von persönlichen Krisen, die als Reaktion auf andauernden Stress und Überlastung am Arbeitsplatz auftreten
Inklusion	Beschreibt in der Soziologie den Einschluss bzw. die Einbeziehung von Menschen in die Gesellschaft. Der Begriff ist komplementär zu dem der Exklusion; der eine Begriff ist ohne den anderen nicht denkbar
Präventiv	vorbeugend, abschreckend
Kurativ	heilen
Externaler Stressor	Äußerer Reiz der Stress verursacht
Kongruent	deckungsgleich
Sabbaticals	Ist ein Arbeitszeitmodell für einen längeren Sonderurlaub

11 Anhang

1.

3.3 Gesetzliche Rahmenbedingungen (Seite 10)

Seit Mitte der achtziger Jahre kam es zu einer verstärkten Entwicklung der BGF in Deutschland. Gründe dafür waren, dass zum einen die gesetzlichen Krankenkassen ein immer wichtigerer Akteur im Bereich BGF und BGM wurden. Zum anderen bildeten die Programmdokumente der WHO einen konzeptionellen und inhaltlichen Grundpfeiler für eine Einführung von Gesundheitsförderungsgedanken in das Sozialgesetzbuch (Singer, 2010). Als Durchbruch für die BGF kann das Gesundheitsreformgesetz aus dem Jahr 1989 mit der Einführung des Paragrafen 20 des fünften Sozialgesetzbuches (SGB V) angesehen werden. Durch das Gesetz konnten die gesetzlichen Krankenkassen als Akteur im Bereich des umweltbezogenen Gesundheitsschutzes auftreten und für kurze Zeit selbständig eigene Leistungen zur Prävention und Förderung der Gesundheit anbieten. Des Weiteren wurde der Begriff der Gesundheitsförderung (§ 20 SGB V) vom Begriff der Prävention (§ 21 – § 26 SGB V) getrennt (König, 2003). Im Jahr 1992 wurde die Empfehlungsvereinbarung der Spitzenverbände der Krankenkassen und der Träger der Unfallversicherung verabschiedet, die zu einer verbesserten Zusammenarbeit zwischen beiden Organisationen beitragen sollte. Diese Empfehlungsvereinbarung wurde 1997 durch eine Rahmenvereinbarung über eine zukünftige Kooperation im Bereich der Verhütung arbeitsbedingter Gesundheitsgefahren ersetzt (Bindzius, 1998). 1996 kam es trotz zahlreicher Proteste zu einer Neuformulierung des § 20 SGB V in Folge dessen die Pflicht zur Durchführung von BGF auf die Unfallversicherungsträger übertragen wurde (Kaba-Schönstein, 2004). Weiterhin kam es im selben Jahr zu bedeutenden Reformen in Bezug auf die rechtlichen Grundlagen im dualen Arbeitsschutzsystem. Zum einen wurde die Rahmenrichtlinie 89/391/EWG des EWG-Vertrages durch die Verabschiedung des Arbeitsschutzgesetzes (ArbSchG) in nationales Recht umgesetzt und somit die bisherige Grundlage des Arbeitsschutzes, der § 120 a der Gewerbeordnung aus dem Jahr 1869 außer Kraft gesetzt. Zum anderen wurde der Präventionsauftrag der Träger der gesetzlichen Unfallversicherungen auf die Verhütung von arbeitsbedingten Gesundheitsgefahren ausgeweitet. Dies wurde durch die Verabschiedung des Sozialgesetzbuches VII (SGB VII) ermöglicht (Zwingmann, 1998). Die beiden genannten Regelungen galten ausnahmslos für alle Unternehmen und Beschäftigten und dienen somit der Gewährleistung eines umfassenden Gesundheitsschutzes (Singer, 2010). Zusätzlich wurden zum nationalen Arbeitsschutzgesetz mehrere Einzelverordnungen im Kontext des Arbeitsschutzes verabschiedet. Nennenswert in diesem Zusammenhang sind unter anderem das Lastenhandhabungsgesetz von 1996 (2006 aktualisiert), die Gefahrstoffverordnung aus dem Jahr 2004 (2007 aktualisiert), die Arbeitsstättenverordnung von 2004 (2007 aktualisiert) und die Bildschirmarbeitsverordnung von 1996 (2006 aktualisiert) (Singer, 2010). Eine erneute Neugestaltung des § 20 SGB V gab es im Jahr 2000 im Zuge des GKV-Gesundheitsreformgesetzes. Diese Neugestaltung ermöglichte den gesetzlichen Krankenkassen wieder mehr Handlungsspielräume in der primären Prävention und im Bereich BGF. Die Leistungen im Bereich der Primärprävention stellten dabei „Soll-Leistungen" dar, wohingegen die Leistungen aus dem Bereich der BGF „Kann-Leistungen" galten. Der von Gesetzesseite vorgegebene Qualitätssicherungsaspekt im Bereich der angebotenen Leistungen führte im Jahr 2000 zur Erstellung des „Leitfadens Prävention", welcher bis heute mehrmals ergänzt wurde. In diesem „Leitfaden Prävention" wurden Handlungsfelder in der Primärprävention und im BGF festgelegt. Ein weiterer wichtiger

Schritt wurde im Jahr 2007 mit dem Gesetz zur Stärkung des Wettbewerbes in der gesetzlichen Krankenversicherung im Rahmen der Gesundheitsreform getan. Dies führte zu einer bedeutenden Novellierung des § 20 SGB V, in Folge dessen die gesetzlichen Krankenkassen durch den ergänzenden § 20a SGB V wieder eine Rechtsgrundlage für die Durchführung eigener Leistungen im Bereich der BGF erhielten. Somit stellen Leistungen aus dem Spektrum der BGF keine Kann-Leistungen mehr dar, sondern sie müssen von den Krankenkassen wieder verpflichtend durchgeführt werden (Singer, 2010). Weiterhin wird seit mehreren Jahren über ein Präventionsgesetz diskutiert, welches Prävention und Gesundheitsförderung als vierte Säule im Gesundheitssystem etablieren soll. Dazu gab es in den letzten Jahren einige Vorstöße, welche aber lange Zeit zu keiner nennenswerten Lösung führten (Singer, 2010). Nach langjährigen Verhandlungen wurde im Juli 2015 ein neues Präventionsgesetz zur Stärkung der Gesundheitsförderung und Prävention beschlossen, das am 01.01.2016 in Kraft getreten ist. Ziel des Gesetzes ist eine zielgerichtete Zusammenarbeit aller Akteure aus den Bereichen Prävention und Gesundheitsförderung. Dazu zählen die gesetzliche Krankenversicherung, die gesetzliche Rentenversicherung, die gesetzliche Unfallversicherung, sowie die Soziale Pflegeversicherung und auch die Unternehmen der privaten Krankenversicherung. Die Kranken- und Pflegekassen investieren in Zukunft mehr als 500 Mio. Euro für Gesundheitsförderung und Prävention, wobei der Fokus mit mindestens 300 Mio. Euro jährlich auf der Gesundheitsförderung in den verschiedenen Lebenswelten, wie Betrieben, Kommunen, Kitas und Schulen liegt (Bundesministerium der Justiz, 2015). Zusätzlich dazu gab es eine umfassende Entwicklung im Bereich der Managementsysteme. Zum einen wurde eine Spezifikation (DIN SPEC 91020) zum betrieblichen Gesundheitsmanagement entwickelt, um allgemeine Standards und Anknüpfungspunkte an andere Managementsysteme zu gewährleisten (Haufe Gruppe, 2014). Zum anderen konnte eine international anerkannte ISO-Norm (DIN EN ISO 45001:2016) zum betrieblichen Arbeits- und Gesundheitsschutz im 3 Quartal 2016 in Kraft treten (TÜV NORD CERT GmbH, 2015). Kolb, Tobias: Coaching für BGM, j-bgm.de/bgm-grundlagen/.

2.

Abb. Nr. 1 (Seite 24): Jacobi-Royda, C. (2015): Stressmanagement im Kita-Alltag, Kronach, Carl Link, S.22-33

Arbeitshilfe:
Übersicht: Die richtige Strategie im Umgang mit Stress

Strategie 1: „Aus dem entmutigen-den Berg von Aufgaben einen gangbaren Weg machen"	Wenn Sie bemerken, dass Ihr System wegen der kommenden Aufgabenfülle Stress signalisiert verfahren Sie wie folgt: 1. Schreiben Sie alle vor Ihnen liegenden Aufgaben auf. 2. Ordnen Sie die Aufgaben in der *zeitlichen Abfolge und ihrer Dringlichkeit.* 3. Schreiben Sie zu den einzelnen Aufgaben hinzu, *wie lange* die Erledigung wohl benötigt (planen Sie diese Angaben großzügig und rechnen Sie mit Unterbrechungen) 4. Ordnen Sie nun die Aufgaben dem entsprechenden Zeitplan zu. ➜ Dies macht aus dem belastenden Aufgaben-Chaos einen gangbaren Weg. ➜ Sie erlangen ein Gefühl der Machbarkeit und Kontrolle über die Situation. ➜ Pausen oder frei verfügbare Zeiten werden sichtbar.
Strategie 2: Lernen Sie eine Kultur der Selbst-anerkennung	Die Anerkennung Ihrer eigenen Leistung ist bedeutsam. Ist der Gedanke *„Wie soll ich das nur schaffen?"* der Stressauslöser, so wird deutlich, wie das Unterbewusstsein durch die Wahrnehmung der eigenen Erfolge entlastet wird. Sie erkennen dann, *was* Sie schaffen, *wie* sie es schaffen; sehen, wie sie vorankommen. Das Grundvertrauen in die eigene Kraft und Fähigkeit wird gestärkt. *„Störungen haben Vorrang",* damit ist gemeint, dass persönliche Anliegen vor dem geplanten Ablauf stehen. Übertragen auf den beruflichen Alltag heißt das: Stellen Sie Ihre Pläne nicht über die Bedürfnisse der Menschen, die Teil Ihrer Arbeit sind. ➜ Nehmen Sie bewusst Ihre Leistungen war. Dies wird Ihr Bild von Ihrer Leistungsfähigkeit auf Dauer verändern und Ihr Selbstbewusstsein diesbezüglich stärken. ➜ Sehen Sie in »Störungen« zukünftig »andere Aufgaben« und würdigen Sie diese ebenso.
Strategie 3: Unter-brechungen meiden	Sie verlieren viel Energie und Zeit, wenn Sie sich immer wieder kleine Unterbrechungen einbauen, um einer ungeliebten Aufgabe einen Augenblick zu entgehen. Bleibt Ihre Konzentration ungebrochen, sind Sie deutlich schneller fertig und die Fehler-Quote bleibt erheblich niedriger. Werden Tätigkeiten häufig unterbrochen, so nennt man dies

durch das ständige Abfallen und wieder Aufnehmen der Konzentrationslinie, das »Sägeblatt-Prinzip«. Mit jeder Unterbrechung – ob durch Sie selbst oder von außen – wird Ihre Aufmerksamkeit förmlich „zersägt". Jedes Mal müssen Sie sich in den bisherigen Prozess noch einmal ein-denken – und verlieren so wertvolle Zeit und Energie!

→ Ungeliebte Aufgaben unterbrechen wir oft selbst, um uns eine kleine Pause zu verschaffen. Dies führt zu ständigem Konzentrationsverlust und verlängert die Erledigung unnötig. Ebenso steigt die Gefahr von Fehlern.
→ Überprüfen Sie die Gewohnheiten in Ihrer Einrichtung: Wie können Sie unnötige Störungen von außen durch einfache Maßnahmen minimieren?

Strategie 4: „Eines nach dem anderen"	→ Selbstverursachtes Multitasking ist eine große Zeit- und Energieverschwendung. Die Erledigung mehrerer Aufgaben gleichzeitig braucht mehr Zeit als die Erledigung der gleichen Aufgaben nacheinander und es erhöht die Fehlerquote. → Unerledigte Aufgaben verursachen Stress im Unterbewusstsein und lassen die Gedanken nicht zur Ruhe kommen.
Strategie 5: Alles, was nicht länger als 2 Min. dauert, nicht anhäufen, sondern erledigen	Stapel von Unerledigtem belasten das Unterbewusstsein in großem Maße. → Fassen Sie täglich gleiche Aufgaben zusammen und erledigen Sie diese sofort. → Bestellen Sie ab oder werfen Sie beherzt weg, wofür im Moment niemand Zeit hat. → Stellen Sie (eventuell mit Hilfe) eine gut strukturierte Ordnung her und halten Sie diese ein. → Nehmen Sie sich jeden Tag 10 Minuten Zeit, Dinge an Ihren Platz zu räumen.
Strategie 6: „Immer mit der Ruhe"	→ Ein stets hohes Tempo versetzt den Körper unbewusst in Hektik und erzeugt Stress. → Die wirkliche Zeitersparnis ist unwesentlich – sogar beim Autofahren